AF361039

ÉVOLUTIONS

DES

CAVALERIES ÉTRANGÈRES,

PAR

M. LE DUC D'ELCHINGEN,

Lieut.-Colonel du 5ᵉ dragons.

CAVALERIE

DU 8ᵉ CORPS DE LA CONFÉDÉRATION GERMANIQUE.

Extrait du Spectateur Militaire.

(Cahier de Mars 1844.)

ÉVOLUTIONS
DES CAVALERIES ÉTRANGÈRES.

CAVALERIE

DU 8ᵉ CORPS DE LA CONFÉDÉRATION GERMANIQUE.

Le 8ᵉ corps de la Confédération germanique est formé par les contingents du Wurtemberg, du grand-duché de Bade, et du grand-duché de Hesse et Darmstadt.

La force de ces contingents a été fixée en décembre 1830 à 1,994 chevaux pour le royaume de Wurtemberg, à 1,429 pour Bade, et 885 pour Hesse et Darmstadt; ensemble 4,308 chevaux. Le royaume de Wurtemberg a cinq régiments de lanciers, dont un de la garde à quatre escadrons chaque.

Le grand-duché de Bade a trois régiments de dragons à quatre escadrons.

Le grand-duché de Hesse et Darmstadt un seul régiment de chevau-légers à six escadrons.

Le 8ᵉ corps fournit à l'armée fédérale 38 escadrons, qui, au complet de 150, donneraient 5,700 chevaux. Les cadres sont donc plus que suffisants pour atteindre le chiffre fixé par la Diète, et ils peuvent recevoir, et au-delà, le complément du contingent (1/600ᵉ de la population). Mais il s'en faut de beaucoup que sur le pied de paix ils atteignent leur complet organique; on ne peut estimer la force des escadrons wurtember-

geois au-dessus de 90 chevaux, ce qui donne pour cet
État   1,800 chev.
Les Badois à 100   1,200
Les Hessois à 125   750
                                                 ____

Le 8ᵉ corps n'a donc pas aujourd'hui réel-
    lement sur pied plus de   3,750 chev.

Quoique peu nombreuse, cette cavalerie est organisée avec soin, et mérite de fixer à un haut point
l'attention des militaires de tous les pays.

Malgré l'importance naturelle des deux grands États
de l'Allemagne sur leurs voisins, et l'influence qu'ils
cherchent à exercer sur toutes les questions militaires,
en vue d'obtenir l'uniformité dans l'armée fédérale,
les puissances de second ordre se souviennent du
temps où elles ont combattu dans nos rangs; elles ne
suivent pas les règlements de Prusse ou d'Autriche,
leurs manœuvres se rapprochent beaucoup plus des
nôtres, et n'en diffèrent pas essentiellement.

CAVALERIE WURTEMBERGEOISE.

Le règlement de la cavalerie wurtembergeoise est du
1ᵉʳ avril 1822.

Chaque régiment se compose de 4 escadrons (*Schwadron*).

Chaque escadron est divisé en 4 pelotons et 8 demi-
pelotons (*Züge* et *halbe Züge*).

La force de chaque escadron peut s'élever jusqu'à
5 pelotons et 200 chevaux; la variation de l'étendue
du front, les différences entre les escadrons ne doivent
apporter aucune modification à l'ordre établi, chaque
unité devant rester organisée et constituée pour le

combat, comme elle l'est pour l'administration et pour le service intérieur.

Il y a par régiment un colonel et un seul officier supérieur (*stabs Officier*).

Chaque escadron a 4 officiers seulement :

Un capitaine (*der Rittmeister*).

Un lieutenant en premier (*der Ober Lieutenant*).

Deux lieutenants (*Lieutenant*).

Le capitaine se place au centre de son escadron, à *quatre* longueurs de cheval en avant.

Le lieutenant en 1ᵉʳ *à une* longueur de cheval devant le 4ᵉ peloton.

Un lieutenant devant le 1ᵉʳ peloton à la même distance.

Un autre devant le peloton des tirailleurs (*Schützen*).

S'il y avait un 3ᵉ lieutenant, il serait en serre-file.

Ainsi les capitaines sont très éloignés de leur escadron et de la ligne des commandants de pelotons; ils voient bien et sont bien vus; ils forment entre eux une première base d'alignement facile à rectifier, et sur laquelle les chefs de pelotons d'abord, et après eux la troupe, peuvent aisément se régler.

Les trompettes sont groupés, comme en France, à vingt-cinq pas en arrière du régiment; mais il en reste un par escadron en arrière du centre, à la gauche du maréchal-des-logis chef (*Oberwachtmeister*), pour être à la disposition de l'escadron, et répéter les sonneries du trompette d'état-major.

Sur le pied le plus élevé de guerre (*Hœchsten Kriegstand*), les escadrons ont 5 pelotons, — le 5ᵉ de tirailleurs.

Les 5ᵉˢ pelotons des 2 premiers escadrons se placent

en seconde ligne à demi-distance d'escadron, derrière la droite du régiment.

Ceux des 3ᵉ et 4ᵉ escadrons derrière la gauche.

Sur le pied de guerre ordinaire, les escadrons étant à 4 pelotons, le 4ᵉ est formé de tirailleurs.

Ces tirailleurs (*Schützen*) sont armés de fusils avec hausses; ils sont très exercés à la cible; ils touchent une haute-paye et portent un signe distinctif, ce sont nos cavaliers de 1ʳᵉ classe; nul ne peut être sous-officier s'il n'a été un certain temps dans les tirailleurs.

A une sonnerie, les pelotons de tirailleurs se détachent des escadrons, se groupent et forment un escadron de tirailleurs sous les ordres d'un officier désigné à l'avance pour ce service (*der Schützen Officier*).

En temps de paix l'escadron est divisé en 2 pelotons et 4 demi-pelotons. Le lieutenant en 1ᵉʳ commande le 2ᵉ, un lieutenant le 1ᵉʳ; les maréchaux-des-logis (*Wacht-meister*) sont aux ailes, les brigadiers (*Obermænner*) en files d'encadrement; les tirailleurs forment le 4ᵉ demi-peloton.

Le peloton de manœuvre complet est de 18 files; les deux files des ailes sont formées par les sous-officiers et brigadiers. — Il est divisé en demi-pelotons. On se compte par quatre. Les mouvements de l'école d'escadron sont à peu de chose près semblables aux nôtres, on fait face en arrière, on rompt, on se forme en bataille par des moyens semblables. La formation de l'escadron seulement a lieu par l'oblique individuel.

Les principes généraux sont à peu près semblables aux nôtres.

L'ordonnance n'a pas d'école de peloton, et passe immédiatement de l'école du cavalier à l'école d'escadron.

Les évolutions (*Manœver*, lorsqu'il s'agit d'un régiment ; *Evolutionen*, lorsqu'il s'agit de plusieurs régiments manœuvrant ensemble) se rattachent à certaines dispositions principales.

1° Passer de l'ordre en bataille à l'ordre en colonne ;

2° Passer de l'ordre en colonne à l'ordre en bataille ;

3° Manœuvrer en ligne ;

4° Inspection générale et défilé (*Musterung und Vorbeimarsch*).

Les évolutions de ligne se divisent en trois dispositions principales :

1° Formation et mouvement de la colonne ;

2° Déploiement de la colonne ;

3° Mouvements en ligne.

Il y a quatre espèces de commandements :

1° D'avertissement (*Erinnerung*) , prononcé par le colonel, et *répété* par les capitaines ; c'est notre garde à vous, — ou le *Habt acht* des Autrichiens , *Regiment* ou *Schwadron !*

2° Le commandement préparatoire, désignation du mouvement (*Benennung der Bewegung*), prononcé par le colonel seulement.

3° Moyen d'exécution du mouvement (*Vorbereitung der Bewegung*) , prononcé par les capitaines seulement.

4° Commandement d'exécution (*Ausführung der Bewegung*) , prononcé par le colonel et répété par les capitaines, *Halt ! Marsch !*

Les chefs de pelotons répètent ce dernier commandement lorsque les escadrons sont rompus par pelotons, ou bien dans les ruptures ou formations successives.

Comparaison des Évolutions françaises et wurtembergeoises.

1re *Évolution.*—FORMER LE RÉGIMENT EN COLONNE SERRÉE.

Pour faire face à droite (1re manœuvre).

Comme en France.

Sans changer de front.

Le mouvement se fait comme en France, mais par sections (demi-peloton), avec cette différence que l'escadron de formation se porte en avant à une distance égale au demi-front d'un peloton.

L'escadron de formation prend sa distance sur celui qui le précède, lorsque celui-ci, après s'être placé devant lui, a fait son à-droite par sections.

Le règlement wurtembergeois contient les prescriptions pour les évolutions de ligne, mais n'indique pas les moyens de former la colonne serrée pour une brigade ou une division ; il se borne à dire qu'on exécutera ce mouvement ainsi qu'il est prescrit aux manœuvres de régiment.

Il donne les principes des formations de régiments en masses particlles comme en France.

2e *Évolution.* — PASSER DE L'ORDRE EN COLONNE AVEC DISTANCE (colonne par divisions) A L'ORDRE EN COLONNE SERRÉE PAR LA FORMATION SUCCESSIVE DES ESCADRONS.

Comme en France : seulement les pelotons obliquent à gauche, au lieu de faire un demi-à-gauche.

On passe de l'ordre en colonne avec distance par

escadrons à l'ordre en colonne serrée, en serrant en masse.

CHANGEMENT DE DIRECTION DE PIED FERME.

Se fait comme en France, mais par sections, et au lieu de prendre place dans la colonne par une tête de colonne demi-à-gauche, — les colonnes partielles des escadrons font tête de colonne à gauche.

CONTRE-MARCHE.

Les escadrons impairs, sections à droite.

Les escadrons pairs, sections à gauche.

Les colonnes partielles tournent en sens inverse, et font face en arrière aux commandements *Halte* et *Front*.

On fait également face en arrière par le demi-tour par sections.

3ᵉ *Évolution.* — A GAUCHE EN BATAILLE.

SUR LA DROITE EN BATAILLE.

Comme en France.

4ᵉ *Évolution.*— EN AVANT EN BATAILLE (2ᵉ manœuvre).

Comme en France, par pelotons.

5ᵉ *Évolution.* — FORMER LE RÉGIMENT EN ARRIÈRE EN BATAILLE.

SUR LA QUEUE DE LA COLONNE.

SUR LA TÊTE DE LA COLONNE.

Comme en France.

Réunion des 3ᵉ *et* 4ᵉ, 3ᵉ *et* 5ᵉ *Évolutions.*

Comme en France; ces mouvements ne sont qu'indiqués.

On ne donne qu'un seul exemple.

Réunion des 4ᵉ *et* 5ᵉ *Évolutions.*

EN AVANT EN BATAILLE SUR UN ESCADRON DU CENTRE.

FACE EN ARRIÈRE SUR UN ESCADRON DU CENTRE.

Ces mouvements ne sont pas indiqués.

6ᵉ *Évolution.* — PAR LA QUEUE DE LA COLONNE A GAUCHE EN BATAILLE.

Comme en France ; avec cette différence que si la colonne est en marche, le 4ᵉ escadron arrête d'abord, avant de faire sa conversion ; cela tient à un principe général, c'est que la conversion en marchant, bien qu'à pivot fixe, se fait en doublant l'allure.

SUR LA DROITE EN BATAILLE.

Comme en France.

7ᵉ *Évolution.* — DÉPLOYER UNE COLONNE SERRÉE.

Comme en France, par sections.

POUR FAIRE FACE EN ARRIÈRE ET DÉPLOYER SUR LE 4ᵉ ESCADRON.

Le 4ᵉ escadron fait la contre-marche, les autres escadrons sections à gauche, et successivement sur la gauche en bataille.

8ᵉ *Évolution.* — MARCHE EN BATAILLE.

Mêmes principes, — le guide est généralement à droite, mais le colonel peut désigner un escadron quelconque comme escadron de direction.

Les mouvements obliques par sections, ceux pour faire face en arrière, comme en France.

9ᵉ *Évolution.* — CHANGEMENT DE FRONT.

CHANGEMENT DE FRONT OBLIQUE SUR L'AILE DROITE.

Le 1ᵉʳ peloton prend la position oblique déterminée.

Les escadrons font pelotons demi-à-droite.

Ils marchent ainsi droit devant eux jusqu'à ce que leur droite arrive à hauteur de la place qu'ils doivent occuper; le 1ᵉʳ peloton se redresse, les autres se forment par le mouvement en avant en bataille.

CHANGEMENT DE FRONT SUR L'AILE DROITE.

Se fait comme le mouvement précédent.

CHANGEMENT DE FRONT EN ARRIÈRE SUR L'AILE DROITE.

Comme en France, d'après les moyens précédents.

CHANGEMENT DE FRONT SUR LE CENTRE.

N'est pas indiqué.

Les changements de front sont indiqués également aux évolutions de ligne; ils se font à peu près comme en France; mais suivant la nature du terrain, et les ordres particuliers envoyés par les généraux, les régiments peuvent se mouvoir en colonnes par pelotons, ou en colonnes serrées, qui vont prendre leurs places de bataille par le plus court chemin. Il n'est rien dit des mouvements sur deux lignes.

10ᵉ *Évolution.* — MARCHER EN ÉCHELONS.

Comme en France.

Les principes pour la retraite sont les mêmes, le dernier escadron reste face en tête.

On reforme la ligne sur un escadron quelconque.

11ᵉ *Évolution.* — PASSER LE DÉFILÉ.

Comme en France, — en colonne double. Si le défilé ne permet pas de passer sur un front de division, les escadrons rompent par sections, et passent en colonne double avec front de peloton.

Si le défilé est assez large pour le front d'un escadron, le mouvement a lieu ainsi qu'il suit :

Les divisions de droite et de gauche des 3ᵉ et 2ᵉ escadrons se joignent, forment escadron, et s'engagent dans le défilé.

La 1re division du 2e, et la 2e du 3e, font de même un autre escadron, et ainsi de suite.

La colonne double, ainsi formée, se déploie en tous sens d'après les principes adoptés pour la colonne serrée.

PASSAGE DU DÉFILÉ EN ARRIÈRE.

Les tirailleurs couvrent le mouvement en décrivant un arc de cercle en avant du front du régiment, ils se retirent à mesure que le mouvement se fait, et se placent en demi-cercle en avant de l'entrée du défilé.

Les 1er et 4e escadrons rompent en arrière par la droite et par la gauche, par sections, pour marcher vers la gauche et la droite, et prenant des directions *diagonales* vont se joindre à l'entrée du défilé qui se passe en colonne double ayant le front d'un peloton.

Les 2 escadrons du centre ne bougent pas.

Les 2 escadrons des ailes continuent à marcher ainsi en colonne double, puis après être sortis du défilé, on les forme ; chacun d'eux, *sur la queue de la colonne face en arrière en bataille.*

Alors seulement les escadrons du centre exécutent le même mouvement ; ils passent en colonne double dans l'intervalle des 2 escadrons des ailes, et après les avoir dépassés d'une distance égale à leur front, ils se forment également *sur la queue de la colonne face en arrière en bataille.*

Le régiment est alors sur deux lignes.

La 1re formée du 4e et du 1er escadron.

La 2e formée du 2e et du 3e escadron.

Pour reformer le régiment, la 1re ligne fait pelotons demi-tour à droite et à gauche et les escadrons obliquent jusqu'à ce qu'ils arrivent à hauteur des ailes des escadrons sur lesquels ils doivent s'aligner; ils se reforment alors, se portent en avant et se remettent face au défilé par le demi-tour opposé.

Le passage du défilé se fait par les mêmes moyens aux évolutions de ligne; on recommande de ne pas former la troupe qui a passé, trop près du défilé.

12ᵉ *Évolution.* — PASSAGE DE LA LIGNE.

N'est pas comprise dans les évolutions de régiment.

Ce mouvement est indiqué aux évolutions de ligne. La 2ᵉ ligne fait moitié pelotons à droite, moitié pelotons à gauche; elle marche ainsi en deux colonnes partielles à droite et à gauche de la 1ʳᵉ ligne, et après l'avoir dépassée de la distance voulue, les deux colonnes se forment en avant en bataille.

Le passage en arrière se fait de la même manière; les deux colonnes se reforment par le mouvement sur la tête de la colonne face en arrière en bataille.

DE LA CHARGE.

Les principes de la charge, en ligne, en échelons et en colonne, sont donnés absolument dans les mêmes termes que dans notre ordonnance.

On recommande de ne pas attendre le choc, mais de le prévenir.

On doit lancer les tirailleurs sur les deux flancs de l'ennemi.

Au commandement, chargez (*Soll zum Angriff vormarschiren*), on croise les lances; les officiers qui sont sur le front de l'escadron se portent à la droite des pelotons, la croupe de leurs chevaux dans le rang.

Les capitaines restent en avant de leur escadron.

Le colonel en avant.

L'officier supérieur en serre-file derrière le centre du régiment.

Il n'y a, comme on voit, que fort peu de différences entre les évolutions wurtembergeoises et les nôtres. — Les déploiements se font par sections, parce que les fronts des pelotons sont toujours fort étendus (18 files). Il y a un sous-officier chef de section en avant de chacune d'elles ; les mouvements en avant et en arrière en bataille ont lieu par pelotons.

Quelques mouvements ne sont pas compris dans notre ordonnance.

Le moyen de faire face en arriére, ordre naturel, lorsqu'on est en colonne serrée, mouvement indiqué à la 7ᵉ évolution, et qui a été souvent proposé par divers officiers.

Les mouvements en échiquier ; les escadrons impairs formant une première ligne, les escadrons pairs la seconde.

CHANGEMENT DE FRONT SUR LE CENTRE, FACE EN ARRIÈRE.

Front Verænderung auf die Mitte umkehrt.

C'est le moyen de faire face en arrière, ordre naturel, toujours par crainte de l'ordre inverse.

1ᵉʳ et 2ᵉ escadron pelotons à gauche ; 4ᵉ peloton du 2ᵉ demi-tour à gauche, marche, en avant, sur la gauche en bataille.

3ᵉ et 4ᵉ escadron ; escadrons en avant, pelotons à droite, sur la droite en bataille.

Il n'y aurait à prendre en considération dans toute cette ordonnance que la position des capitaines en avant de la ligne des chefs de pelotons, et la formation de la ligne sur un escadron quelconque.

CAVALERIE DU GRAND DUCHÉ DE BADE.

Le règlement *provisoire* sur les exercices de la cavalerie badoise est daté de 1831. — Dans sa forme, dans ses divisions, il s'écarte fort peu de notre ordonnance.

On trouve aux bases de l'instruction la définition de l'inversion (*Inversion*, *Oder in verkehrter Fronte*), comme en France.

Chaque régiment se compose de 4 escadrons, qui restent toujours formés sur eux-mêmes quelle que soit leur force.

Chaque escadron se divise en 4 pelotons, qui doivent être autant que possible égaux ; ils ont de 14 à 18 files, jamais au-dessous de 14 ; le nombre des pelotons varie donc, dans chaque escadron, suivant sa force, mais le peloton est l'unité invariable ; sur le pied de paix, l'escadron est de 3 pelotons seulement.

Il y a par régiment un colonel ou un lieutenant-colonel commandant le régiment, et un second officier supérieur, soit lieutenant-colonel, soit major.

Un capitaine et 3 officiers par escadron, sur le pied de guerre un 4e.

Le capitaine-commandant (*Escadrons-commandeur*) au centre de son escadron, une longueur de cheval en avant de la ligne des chefs de pelotons.

Les trompettes se tiennent toujours à la droite de leurs escadrons, un peu en arrière des intervalles.

Comme les pelotons sont toujours au moins de 14 files, tous les mouvements de déploiements que nous faisons par pelotons se font par sections.

Les mouvements, en avant en bataille et face en arrière en bataille, se font par pelotons, ainsi que les mouvements centraux.

La contre-marche se fait par sections.

Nous nous bornerons à indiquer les différences importantes, ainsi que les mouvements que nous n'exécutons pas.

8ᵉ *Évolution.* — Dans la *Marche en bataille*, le guide peut être à un escadron quelconque.

9ᵉ *Évolution.* — Les *Changements de front* ont tous lieu par fronts d'escadrons, c'est-à-dire comme nous faisons aujourd'hui le changement de front oblique ; ainsi par exemple :

Reg. comm. Regiment! (*Colonel*, Régiment !)
Esc. c. Escadron! (*Cap. comm.* Escadron !)
Reg. comm. Auf die erste Escadron Front verænderung vorwærts! (*Col.* sur le 1ᵉʳ escadron changement de front en avant !)
E. c. 1ˢᵗᵉ Rechts schwenkt! (*C. c.* 1ᵉʳ escadron. Escadron à droite !)
E. c. 2. 3. 4. Halb rechts schwenkt! (*C. c.* 2ᵉ, 3ᵉ, 4ᵉ escadrons. Escadron demi-à-droite !)
R. c. Marsch! (*Col.* Marche (1) !)

Lorsque ces trois derniers escadrons ont fait 1/16ᵉ à droite.

Halte, marche, guide à droite ; puis arrivés à hau-

---

(1) Je donne ces formules pour montrer que les États allemands, non seulement diffèrent sur le fond, mais aussi dans les expressions qu'ils emploient.

teur de la gauche de l'escadron qui doit être à leur droite sur la nouvelle ligne.

Linke Schulter vor, etc. (Les épaules gauche en avant, autrement ; *tournez-droite*.)

Les changements de front centraux, ceux en arrière d'une aile, se font par des moyens semblables. Les escadrons qui doivent se porter en arrière font d'abord un demi-tour par pelotons, marchent ensuite avec front d'escadron (en ordre inverse) , et se remettent face en tête par le demi-tour opposé.

J'ai vu faire très bien et très régulièrement, aux allures vives, ces mouvements, qui semblent difficiles à exécuter ; mais les escadrons avaient des fronts peu étendus.

10ᵉ *Évolution.* — Dans la marche en retraite , le dernier échelon fait demi-tour, il ne reste pas face en tête. — Les demi-tours se font par sections.

On reforme la ligne sur un escadron quelconque.

La retraite en échiquier a lieu comme en Wurtemberg, les escadrons impairs formant la 1ʳᵉ ligne ; les escadrons pairs la 2ᵉ.

Les demi-tours se font par sections.

La charge peut avoir lieu en échelons par le centre.

Mit Escadrons aus der Mitte in Echellons zur Attaque.

Les deux escadrons du centre se portent en avant, ceux des ailes suivent en conservant cinquante pas de distance.

Il faut, en attaquant une ligne, avoir soin de conserver quelques pelotons en réserve derrière les ailes, afin de protéger ses flancs ou de déborder ceux de l'ennemi.

Les évolutions de ligne ne diffèrent pas non plus beaucoup des nôtres.

La formation de la colonne serrée sans changer de front a lieu exactement par les mêmes moyens.

La ligne est quelquefois déployée en masses de régiments, à douze pas d'intervalle seulement. On fait dans cet ordre des changements de front, par un changement de direction de pied ferme du 1er régiment, et des changements de direction en marchant par les autres.

Pour exécuter les changements de front, chaque régiment, à l'exception de celui sur lequel on se forme, se ploie en colonne serrée; les colonnes serrées se dirigent sur le point qu'elles doivent occuper, et déploient.

Il n'est rien dit des changements de front sur plusieurs lignes.

12e *Évolution*. — Pour exécuter le passage de la ligne en avant, la 2e ligne rompt par pelotons à droite, et dans chaque escadron tête de colonne à gauche, et lorsqu'elle arrive à cinquante pas de la 1re, celle-ci rompt par pelotons à gauche, et dans chaque escadron tête de colonne à gauche; les escadrons se longent ainsi en sens inverse, et après s'être dépassés, se reforment les uns en avant, les autres face en arrière en bataille.

Je ne vois guère à emprunter à ce règlement que la place du capitaine commandant et celle des trompettes.

CAVALERIE DU GRAND-DUCHÉ DE HESSE ET DARMSTADT.

Le règlement est antérieur au nôtre.

Il est fait pour un régiment de 4 escadrons, mais les chevau-légers hessois en ont 6.

L'escadron est divisé en deux parties, *Plotons* (nos divisions).

Ces deux parties divisées en deux autres *Sectionen* (nos pelotons).

Ces *Sectionen* se subdivisent encore en deux *Hable sectionen* (nos sections). — On compte par quatre.

L'escadron a 64 files, et par conséquent le *Ploton* (division) 32, la *Sectionen* (peloton) 16, etc.

Cette division subsiste tant que l'escadron ne descend pas au-dessous de 48 files ; mais s'il n'en a que 36, on le divise seulement en 3 *Sectionen* (3 pelotons) : jamais cette fraction de troupe ne doit avoir plus de 16 files et moins de 12 ; s'il se trouve des files en plus, on les place à la gauche du régiment, et on les emploie en flanqueurs et tirailleurs, etc.

Il y a un colonel (*Regiments-commandant*).

Deux officiers supérieurs, *Divisionœrs* (un de plus que dans les deux autres États).

Ces officiers supérieurs répètent les commandements comme nos chefs d'escadron, et remplissent les mêmes fonctions. Le *Stabs Officier* en Wurtemberg et Bade ne répète pas, et est chargé de la surveillance générale pendant l'exécution des mouvements.

Le capitaine commandant (*der Rittmeister*) un peu en avant de la ligne des officiers.

Un lieutenant en serre-file.

Quatre officiers chefs de pelotons (*Sectionen*).

Si le nombre des officiers n'est pas complet, des maréchaux-des-logis (*Wachtmeister*) commandent les pelotons.

Les trompettes groupés comme en France.

Les principes généraux sont les mêmes que les nôtres, à peu de chose près.

Les formations de colonnes serrées et les déploiements se font par 4.

Les mouvements en avant en bataille et en arrière en bataille par pelotons (*Sectionen*).

Je vais me borner, comme pour les Badois, à indiquer seulement les différences les plus saillantes.

1re *Évolution*. — Dans la formation de la colonne serrée sans changer de front, on indique si la droite ou la gauche est en tête.

1. *Achtung*. (Garde à vous.)

2. *Auf die dritte Schwadron den rechten Flügel an der Spitze formirt die geschlossene Colonne !* (Sur le 3e escadron la droite en tête, formez la colonne serrée.)

3. *Marsch*. (Marche.)

2e *Évolution*. — On exécute le mouvement de l'ancienne ordonnance.

Le changement de direction de pied ferme d'une colonne avec distance.

Colonne mit rechts um nehmt die Direction der Spitze. (Colonne à droite par 4, prenez la direction de la tête.)

4e *Évolution*. — Nous trouvons ici absolument les mêmes mouvements qu'en France, avec des commandements identiques.

Vorwærts verkehrt in Bataille. (En avant ordre inverse en bataille.)

6e *Évolution*. — On donne pour règle que le meilleur moyen pour sortir de l'ordre inverse et se remettre en ordre naturel est de faire pelotons à droite et faire former les escadrons.

10ᵉ *Évolution*. — La marche en échelons a lieu d'après les mêmes principes qu'en France ; la distance ordinaire entre les échelons est du front d'une division (*Ploton*) seulement, afin de pouvoir former la ligne obliquement.

Les Hessois ont aussi les mouvements en échiquier ; la 1ʳᵉ ligne, sous les ordres du 1ᵉʳ *Divisionair*, est formée des premières divisions des escadrons ; la 2ᵉ des secondes sous les ordres du 2ᵉ *Divisionair*. — Dans les évolutions de ligne, les lignes sont formées d'escadrons impairs et pairs.

12ᵉ *Évolution*. — Le passage de la ligne se fait comme en France, avec cette seule différence que, dans le passage en arrière, la 2ᵉ ligne se porte en avant en marchant en bataille, et que le 1ᵉʳ la traverse en retraite pendant que la 2ᵉ est en mouvement.

Le règlement hessois se termine par les prescriptions à suivre en cas de manœuvres entre armes différentes.

Le duc D'ELCHINGEN,
Lieut.-colonel du 5ᵉ dragons.

PARIS. — IMPRIMERIE DE BOURGOGNE ET MARTINET, RUE JACOB, 30.

www.ingramcontent.com/pod-product-compliance
Lightning Source LLC
LaVergne TN
LVHW020646180726
843502LV00006B/2280